ars
theurgia
goetia

LEMEGETON LIVRE II

Du même auteur chez Unicursal :

GOETIA — Petite Clé du Roi Salomon (Lemegeton Livre I)

Draconia : Les Enseignements Draconiques
de la Véritable Magie des Dragons

Draconia Tome 2 : Le Code Draconique au Quotidien

La Science des Mages : Traité Initiatique de Haute Magie

Magie Blanche : Formulaire Complet de Haute Sorcellerie

Unicursal

Copyright © 2019 Marc-André Ricard
www.maricard.com

Éditions Unicursal Publishers
www.unicursalpub.com

ISBN 978-2-89806-041-0

Première Édition, Litha 2019

Ars Theurgia Goetia

LEMEGETON LIVRE II

TRADUCTION, ÉDITION & INTRODUCTION
PAR
MARC-ANDRÉ RICARD

UNICURSAL

Le Roi Salomon évoquant Belial. — Jacobus de Teramo 1473.

The 2ᵈ part of Clavicula Solomonis Regis

Theurgia Goetia

In this Treatise you haue the names of the chiefe Spirits with severall of the ministring spirits wᶜʰ are under them with their Seales or Caractors which are to be worne by the Exorcist as a Lamen on his breast when he Invocates for without that the spirit that appeares will not obey nor do his will. The Offices of these Spirits is all one for what one can do the other can do the same they can shew and discover all things that are hid and done in the world, and can fetch and carry, and do any thing that is to be done or is contained in any of the foure

Ms Harley 6483 - Liber Malorum Spiritum seu Goetia

Pamersiel

is the first and ─ choise Spirit ruling in the East under ─ Carnesiel who hath 1000 Spirits under him which are to be called in the Day ─ time but with great care for they are ─ very lofty and stubborne; whereof we shall make mention but of Eleven.

17ᵉ siècle – British Museum.

Préface de l'éditeur

Ars Theurgia Goetia ou *l'Art Théurgique Goétique*. Ce grimoire d'évocation spirite des 31 Esprits aériens en chef est le second des cinq tomes constituant le recueil du *Lemegeton*.

À ma connaissance il n'existe aucune autre traduction française de ce texte que ce livre que vous tenez entre vos mains. C'est pourquoi l'étudiant en magie devra se tourner vers les autres ouvrages disponibles, principalement en anglais, afin de combler les inconstances que l'on retrouve généralement dans tous les grimoires médiévaux. Lorsque je parle de ces manquements, c'est que rappelons-nous, ces livres ont tous été écrits, puis retranscrits, copiés et recopiés, traduits et recopiés, etc. Donc au final nous nous retrouvons souvent avec des manuscrits où les textes se chevauchent par endroits et diffèrent en d'autres.

En conséquence, afin d'avoir le sentiment de détenir un semblant d'édition complète, je vais plus souvent qu'autrement me procurer toutes les versions disponibles du même texte (en apparence), mais provenant de diverses sources afin de me retrouver avec l'œuvre la plus *définitive* possible. Ainsi, si je désire évoquer par exemple l'esprit *Asuriel*, je vais rechercher s'il n'y aurait pas une alternative pour ce même nom ou un sceau différent, s'il n'y aurait pas une différence dans tel ou tel livre quant au même Esprit avant de préparer la chambre rituelle, etc.

Dans le cas qui nous concerne ici, les sources utilisées proviennent de divers manuscrits du *British Museum*. J'ai utilisé principalement deux versions pour parfaire ma traduction. D'un côté, l'excellente version de Peterson qui relève en partie des manuscrits Harley MS 6483, lequel est inscrit au British Museum sous le nom de *Liber Malorum Spirituum seu Goetia* ainsi que Sloane MSS 2731, 3825 et 3648. Et finalement celle du Dr Rudd, présentée par Rankine qui est principalement et entièrement basée sur Harley 6483.

Harley 6483 est possiblement le manuscrit le plus ancien, datant de 1712-1713. Il contient de plus du matériel en provenance de l'*Heptameron* de Pierre D'Aban. Les sceaux des Esprits ont également la particularité d'être cintrés de lettres hébraïques. Ce manuscrit possède de nombreuses références croisées avec le Sloane 3648.

D'un passionné de magie et d'ésotérisme à un autre, j'espère que vous apprécierez le travail et les efforts qui ont donné naissance à cette traduction.

Faites bonne route dans les méandres du Lemegeton.

M. -A. Ricard ~555

Ici débute le Second Livre intitulé

l'Art Theurgia Goetia

du Roi Salomon

Dans ce présent Traité, vous avez 31 noms d'Esprits en chef avec plusieurs des Esprits qui sont sous eux, avec leurs Sceaux et caractères, lesquels doivent être portés en Lamen sur votre poitrine ; sans quoi l'Esprit qui sera apparu ne vous obéira point, pour faire votre volonté &c.

Les Offices de ces Esprits sont un, car ce que l'un peut faire, les autres peuvent en faire de même. Ils peuvent montrer et découvrir toutes choses cachées et faites dans le monde ; et peuvent aller chercher et transporter et faire tout ce qui doit être fait ou qui soit contenu dans n'importe quel des quatre Éléments, Feu, Air, Terre ou Eau &c ils peuvent aussi découvrir les secrets des rois ou de tout autre individu ou personnes, peu importe de quel genre il s'agira.

Ces Esprits étant aériens sont par nature bons et maléfiques. C'est-à-dire qu'une partie d'eux est bonne et l'autre partie est mauvaise. Ils sont gouvernés par leurs Princes, et chaque Prince possède sa demeure dans les points cardinaux — comme il est montré dans la figure suivante. Donc lorsque vous aurez le désir d'évoquer l'un des Rois ou n'importe quel de leurs Serviteurs, vous devrez vous orienter en direction de ce point cardinal où le Roi possède sa maison ou lieu de résidence, et vous ne pourrez pas vous tromper dans vos opérations.

Remarque ; Chaque Prince possède sa Conjuration, mais toutes d'une seule forme, à l'exception du nom et du lieu de l'Esprit [lesquels varient], car en ceci ils doivent changer et sont différents, aussi les Sceaux des Esprits doivent également être substitués en conséquence. Quant aux vêtements et autres choses matérielles, ils sont [les mêmes] mentionnés dans le Livre *Goetia*.

La forme de la figure qui dévoile l'ordre des 31 Rois ou Princes avec leurs ministres serviteurs, car lorsque l'on trouve le Roi, ses sujets deviennent faciles à trouver &c.

Vous remarquerez peut-être par cette figure que 20 de ces Rois ont leurs premières maisons et demeurent au même endroit, et les 11 autres sont mobiles & sont parfois en un lieu parfois en un autre, et en d'autres temps [ils sont] plus ou moins ensemble. Par conséquent il importe peu dans quelle direction vous faites face, lorsque vous désirez évoquer n'importe lequel d'entre eux ou de leurs serviteurs.

L'Art Theurgia Goetia : Des trente et un Esprits Aériens évoqués et contraints par le Roi Salomon

La Rose Spirite – des 31 Rois & Princes & leurs Maisons.

Les Quatre Empereurs

*C*arnesiel est le plus grand et Empereur chef régnant à l'Est, ayant sous lui 1000 grands Ducs et 100 Ducs inférieurs, en plus de 500000000000 Esprits qui sont davantage inférieurs que les Ducs, desquels nous ne ferons aucune mention sauf seulement 12 des Ducs en chef et leurs Sceaux, car ils sont suffisants pour la pratique.

Carnesiel son Sceau.

Remarque ; Carnesiel, lorsqu'il apparaît, de jour ou de nuit, est assisté par 60000000000000 Ducs mais lorsque vous évoquerez l'un de ces Ducs, il n'y assistent jamais plus de 300 et parfois pas plus de 10 &c.

La Conjuration de Carnesiel est la suivante.

Je te Conjure O toi grand & puissant Prince Carnesiel qui est l'Empereur & le Commandant en chef, Roi souverain du Territoire de l'Est, qui gouverne sur tous les Esprits par la puissance du suprême Dieu El &c.

Ses Ducs.

Myrezyn, Ornich, Zabriel, Bucafas, Benoham, Arifiel, Cumeriel, Vadriel, Armany, Capriel, Bedary, Laphor.

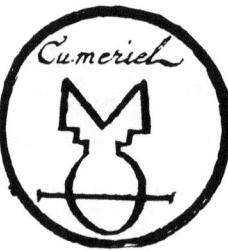

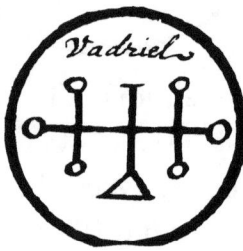

*C*aspiel est le Grand et Empereur Chef régnant au Sud qui a sous lui 200 grands Ducs et 400 Ducs inférieurs, en plus de 1000200000000 Esprits, qui sont bien plus inférieurs et desquels nous [dit Salomon] ne ferons aucune mention, sauf pour 12 des Ducs en chef et leurs Sceaux, car ils sont suffisants pour la pratique.

Caspiel son Sceau.

Ces 12 Ducs possèdent 2660 Ducs mineurs chacun pour les servir, desquels certains d'entre eux l'accompagnent lorsqu'il est invoqué, mais ils sont très bornés et grossiers &c.

La Conjuration de Caspiel.
Je te Conjure O toi grand & puissant Prince Caspiel &c.

12 de ses Ducs.

Ursiel, Chariel, Maras, Femol, Budarim, Camory, Larmol, Aridiel, Geriel, Ambri, Camor, Oriel.

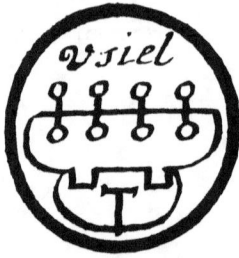

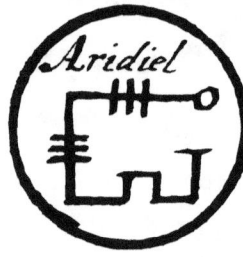

*A*menadiel est le Grand Empereur de l'Ouest, ayant 300 grands Ducs et 500 Ducs inférieurs, en plus de 4000003000100000 autres Esprits plus inférieurs pour le servir, desquels nous ne ferons aucune mention sauf seulement pour 12 des Ducs en chef et leurs Sceaux ce qui est suffisant pour la pratique.

Amenadiel son Sceau.

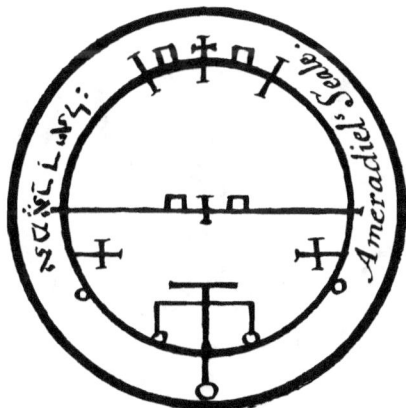

Remarque ; Amenadiel peut être appelé à toute heure du jour ou de la nuit, mais ses Ducs, qui ont 3880 serviteurs chacun pour les servir, doivent être appelés à certaines heures, tel que Vadros, il peut être appelé dans les 2 premières heures du jour, Camiel dans les 2 heures du jour suivantes et ainsi successivement jusqu'à ce que vous en veniez à Nadroc qui doit être appelé dans les 2 dernières heures de la nuit, et puis recommencez de nouveau à Vadros &c. On observera la même règle en appelant les Ducs appartenant à Demoriel l'Empereur du Nord.

La Conjuration.

Je te Conjure O toi grand & puissant Prince Amenadiel qui est l'Empereur & Roi chef souverain sur le Territoire de l'Ouest &c.

12 de ses Ducs.

Vadros, Camiel, Luziel, Musiriel, Rapsiel, Lamael, Zoeniel, Curifas, Almesiel, Codriel, Balsur, Nadroc.

*D*emoriel est le Grand et Puissant Empereur du Nord, qui a 400 grands Ducs et 600 Ducs inférieurs avec 70000080000900000 serviteurs sous son commandement pour le servir, desquels nous ferons mention que 12 des Ducs en chef et de leurs Sceaux, ce qui est suffisant pour la pratique.

Demoriel son Sceau.

Remarque ; Chacun de ces Ducs possède 1140 serviteurs qui les assistent si besoin est, car lorsque ce Duc que vous évoquerez aura plus à faire que d'ordinaire, il aura davantage de serviteurs pour le servir.

La Conjuration de Demoriel.
Je te Conjure O toi &c.

12 de ses Ducs.

Arnibiel, Cabarim, Menador, Burisiel, Doriel, Mador, Carnol, Dubilon, Medar, Churibal, Dabrinos, Chamiel.

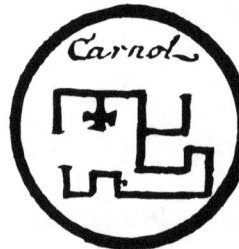

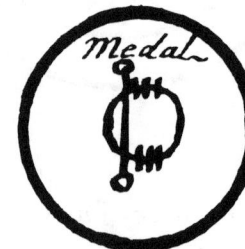

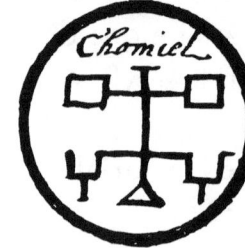

Les Seize Ducs

P amersiel est le premier et Esprit chef à l'Est, sous Carnesiel, qui possède 1000 Esprits sous lui, qui doivent être évoqués durant le jour, sinon qu'avec grande prudence car ils sont très méprisants et bornés, desquels nous n'en mentionnerons que 11 comme suit :

Pamersiel son Sceau.

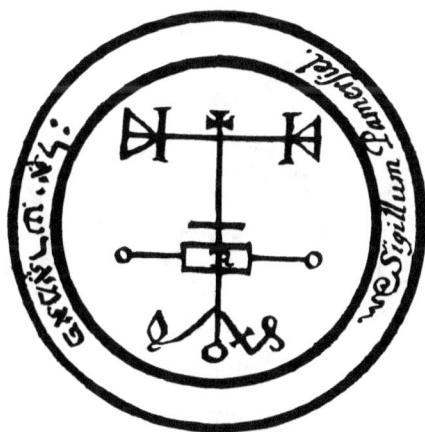

Remarque ; Ces Esprits sont **maléfiques par nature**, et très faux, et ne doivent pas être confiés aux secrets mais sont excellents pour chasser les Esprits des Ténèbres de n'importe quel lieu, ou maison qui serait hantée &c.

Ses Ducs.

Anoyr, Madriel, Ebra, Sotheano, Abrulges, Ormenu, Itules, Rablion, Hamorphiel, Itrasbiel, Nadrel.

**Pour évoquer Pamersiel, ou n'importe quel de ses servi-
teurs** [1], choisissez la pièce la plus privée ou secrète de la maison, ou en quelque bois isolé ou boisé ou l'endroit le plus
caché et occulté de tous ceux qui vont et viennent, afin que

La Table de Salomon

personne ne puisse par chance, trouver son chemin dans
votre chambre ou quelque autre endroit où vous œuvrez à

---

1   Formez un cercle de la façon tel qu'il est démontré dans le Premier
Livre *Goetia* avant de vous rendre dans la chambre du haut de votre
demeure. [Harley MS 6483].

vos préoccupations. Veillez à ce que ce soit très aéré car ces Esprits dans cette partie sont tous de l'Air. Vous pouvez appeler ces Esprits dans un Cristal ou un Réceptacle de Verre, ceci étant une manière ancienne & habituelle de recevoir & contraindre les Esprits. Ce cristal doit être de quatre pouces de diamètre, placé sur une Table de l'Art comme suit fabriquée selon la figure, qui se nomme véritablement la Table Secrète de Salomon, & ayant le Sceau de l'Esprit sur votre poitrine et la ceinture autour de votre taille [comme il est montré dans le Livre *Goetia*] et vous ne pouvez pas vous tromper. La forme de la Table est telle, comme il est représenté et montré sur la figure. Voyez la figure.

Lorsque vous aurez ainsi préparé ce qui doit l'être, répétez la Conjuration suivante[2] à de nombreuses reprises, c'est-à-dire pendant que l'Esprit s'en vient, car sans aucun doute il viendra. Remarquez la même méthode est utilisée pour toutes les parties du Livre à venir comme il en est ici pour Pamersiel et ses serviteurs. Aussi de même en évoquant le Roi et ses serviteurs &c.

La Conjuration de Pamersiel.

Je te Conjure O Pamersiel, Esprit en chef. Souverain de l'Est, &c.

---

2   Les Conjurations complètes se trouvent toutes à la fin du Livre *Theurgia Goetia*.

*L*e second Esprit dans l'ordre sous l'Empire de l'Est se nomme **Padiel**. Il règne comme Roi dans l'Est et par le Sud, et gouverne 10000 Esprits de jour et 20000 de nuit, en plus de plusieurs milliers sous eux. Ils sont tous bons par nature et dignes de confiance. Salomon dit que ces Esprits n'ont pas de pouvoir en eux-mêmes hormis [seulement] ce qui leur est conféré par leur Prince Padiel. Par conséquent il n'a mentionné aucun de leurs noms parce que si l'un d'eux est appelé, il ne peut apparaître sans l'autorisation de leur Prince ce que d'autres peuvent faire & vous devez employer la même méthode pour évoquer ce Prince Padiel, comme il a été précédemment déclaré pour Pamersiel. Le Sceau de Padiel est le suivant:

Padiel son Sceau.

La Conjuration.

Je te Conjure O toi grand & puissant Prince Padiel, qui règne comme Prince en chef ou Roi sur le Territoire de l'Est & par le Sud. Je t'invoque, commande et contrains, par le nom particulier de ton Dieu &c.

*L*e troisième Esprit placé et classé sous le grand chef, puissant et fort Roi de l'Est se nomme **Camuel**, qui règne, dirige et gouverne en Roi dans la partie Sud Est du monde & possède plusieurs & de nombreux Esprits sous sa gouverne & commandement, desquels nous n'en mentionnerons que 10 qui relèvent & appartiennent au jour & 10 à la nuit. Et chacun de ceux-ci ont 10 serviteurs pour les servir, excepté Camyel, Sitgara, Asimiel, Calym, Dobiel et Meras, car ils en ont 100 chacun pour les assister, mais Tediel, Moriel & Tugaros, ils n'en ont pas du tout. Ils apparaissent de nuit comme que de jour sous une très belle forme & très courtoisement &c. Ils sont comme suit avec leurs Sceaux :

Camuel son Sceau.

La Conjuration de Camuel.

Je te Conjure O toi &c: Camuel qui règne &c. dans la partie Sud Est du monde. Je t'invoque &c.

10 de ses serviteurs appartenant au jour & qui apparaîtront durant la nuit.

Orpemiel, Omyel, Camyel, Budiel, Elcar, Citgara, Pariel,
Cariel, Neriel, Daniel.

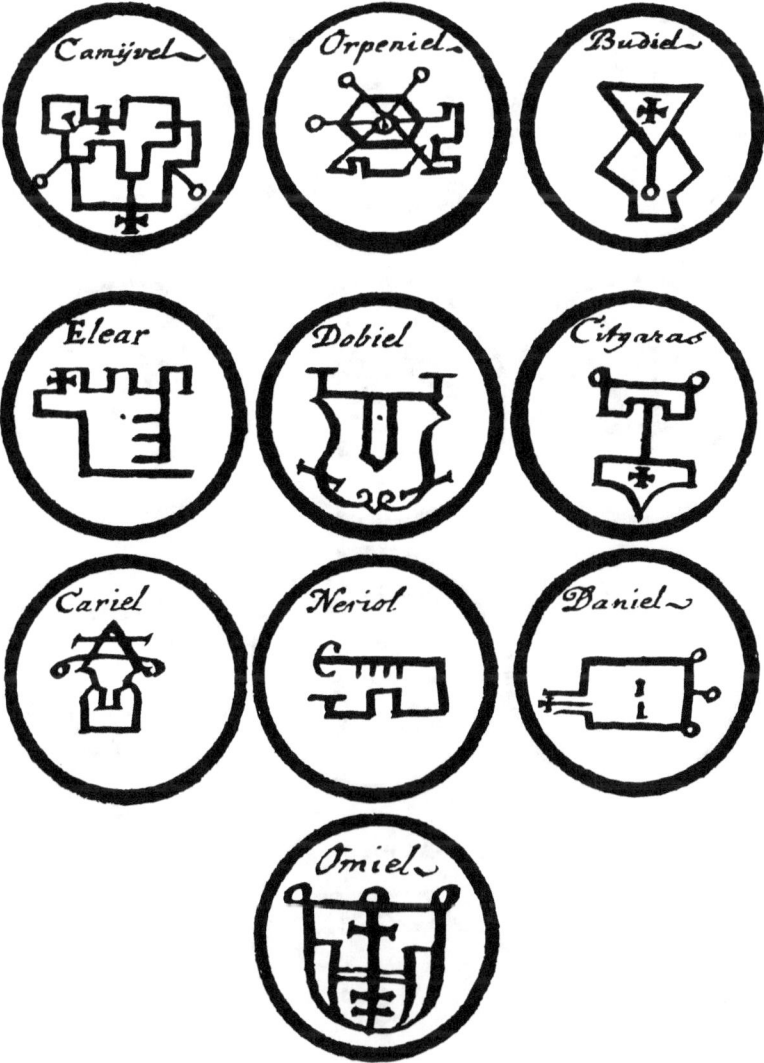

Dix de ses serviteurs appartenant à la nuit & qui apparaîtront durant le jour.

Asimiel, Calim, Dobiel, Nodar, Phaniel, Meras, Azemo, Tediel, Moriel, Tugaros.

e quatrième Esprit dans l'ordre se nomme **Aseliel**. Il gouverne en Roi sous Carnesiel, au Sud et par l'Est. Il possède 10 Esprits en chef appartenant au jour, et 20 à la nuit, sous lesquels il y a 30 Esprits principaux, et autant sous eux, desquels nous ferons mention que 8 des présidents en chef appartenant au jour, et autant appartenant à la nuit. Et chacun d'eux possède 20 serviteurs sous ses ordres. Ils sont tous très courtois et aimables, et beaux à voir &c. Ils sont comme suit avec leurs Sceaux :

Aseliel son Sceau.

La Conjuration d'Aseliel comme suit.

Je te Conjure O toi grand & puissant Prince Aseliel, qui règne comme Prince en chef ou Roi sous Carnesiel, au Sud et par l'Est, &c.

8 de ses serviteurs appartenant au jour.

Mariel, Charas, Parniel, Aratiel, Cubiel, Aniel, Asahel, Arean.

8 de ses serviteurs appartenant à la nuit.

Asphiel, Curiel, Chamos, Odiel, Melas, Sariel, Othiel, Bofar.

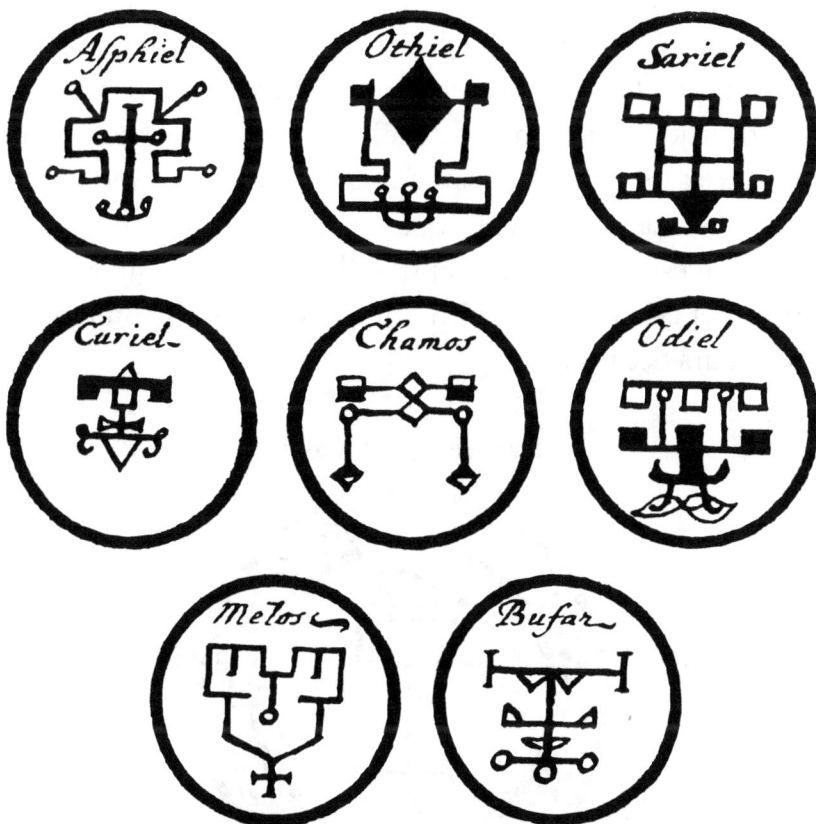

*L*e cinquième Esprit dans l'ordre se nomme **Barmiel**. Il est le premier et Esprit en chef sous Caspiel, l'Empereur du Sud. Il gouverne comme Roi du Sud sous Caspiel, et a 10 Ducs pour le jour, et 20 pour la nuit afin de l'assister à exécuter sa volonté, lequel est très bon et disposé à obéir l'Exorciste, duquel nous en mentionnerons que 8 appartenant au jour, et autant de même pour la nuit, avec leurs Sceaux car ils sont suffisants pour la pratique. Remarque ; Tous ces Ducs possèdent 20 serviteurs chacun pour le servir quand il est appelé, à l'exception des 4 derniers qui appartiennent à la nuit, car ils n'en ont aucun. Ils sont comme suit avec leurs Sceaux :

Barmiel sont Sceau.

La Conjuration de Barmiel comme suit.

Je te Conjure O toi grand & puissant Prince Barmiel, qui règne comme Prince en chef ou Roi au Sud sous Caspiel, &c.

8 de ses Ducs serviteurs appartenant au jour.

Sochas, Tigara, Chansi, Keriel, Acteras, Barbil, Carpiel, Mansi.

8 de ses [Ducs] serviteurs appartenant à la nuit.

Barbis, Marguns, Caniel, Acreba, Mareaiza, Baaba, Gabio, Astib.

*L*e sixième Esprit dans l'ordre, mais second sous l'Empereur du Sud se nomme **Gediel**, qui est Roi souverain au Sud & par l'Ouest, qui a 20 Esprits en chef pour le servir le jour, & autant la nuit, & ils ont de nombreux serviteurs sous leur commandement desquels nous en mentionnerons que 8 des principaux Esprits appartenant au jour et tout autant appartenant à la nuit, ayant 20 serviteurs chacun pour les assister lorsqu'ils sont évoqués sous apparence. Ils sont très aimables, courtois et disposés à faire votre volonté, &c dont les noms & les Sceaux sont les suivants :

Gediel son Sceau.

La Conjuration de Gediel comme suit.

Je te Conjure O toi grand & puissant Prince Gediel, qui règne comme Roi au Sud & par l'Ouest. Je t'invoque, commande et contrains &c.

Les 8 Ducs appartenant au jour étant sous Gediel

Coliel, Naras, Sabas, Assaba, Sariel, Ranciel, Mashel, Bariel.

Les 8 Ducs appartenant à la nuit.

Reciel, Sadiel, Agra, Anael, Aroan, Cirecas, Aglas, Vriel.

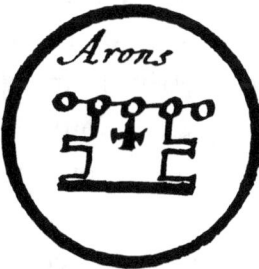

Le septième Esprit dans l'ordre, mais troisième sous le grand Empereur du Sud se nomme **Asyriel**. Il est un puissant Roi régnant sur la partie Sud-Ouest du monde et ayant 20 grands Ducs pour l'assister, durant le jour, et autant durant la nuit, lesquels ont sous eux de nombreux serviteurs pour les assister &c. Ici nous mentionnerons que 8 des Ducs en chef appartenant au jour, et autant qui appartiennent à la nuit, car ils sont suffisants pour la pratique. Et les 4 premiers qui appartiennent au jour et les 4 premiers appartenant à la nuit ont sous eux 40 serviteurs chacun pour les assister. Et les 4 derniers du jour en ont 20, et les 4 derniers de la nuit 10 chacun. Ils sont tous bons par nature et disposés à obéir. Remarque ; ceux qui sont du jour, doivent être évoqués de jour, et ceux de la nuit, durant la nuit &c. Voici suivant leurs noms et leurs Sceaux :

Asyriel son Sceau.

La Conjuration.

Je te Conjure &c: qui règne comme Roi en chef au Sud-Ouest &c.

Les 8 Ducs appartenant au jour sous Asyriel.

Astor, Carga, Buniel, Rabas, Arcisat, Aariel, Cusiel, Malguel.

Les 8 pour la nuit.

Amiel, Cusriel, Maroth, Omiel, Budar, Aspiel, Faseua, Hamas.

*L*e huitième Esprit dans l'ordre mais le quatrième sous l'Empereur du Sud se nomme **Maseriel**, régnant comme Roi sur le Territoire de l'Ouest, et par le Sud, et possède sous lui un grand nombre de Princes & de serviteurs pour l'assister, desquels nous ferons mention de 12 des Ducs en chef qui l'assistent durant la journée, et 12 qui l'assistent pour exécuter sa volonté durant la nuit, ce qui est suffisant pour la pratique. Ils sont tous bons par nature et disposés à faire votre volonté en toutes choses. Ceux qui sont pour le jour doivent être évoqués durant la journée, et ceux pour la nuit, dans la nuit. Ils ont tous 30 serviteurs chacun pour se faire assister & leurs noms et leurs Sceaux sont les suivants :

Maseriel son Sceau.

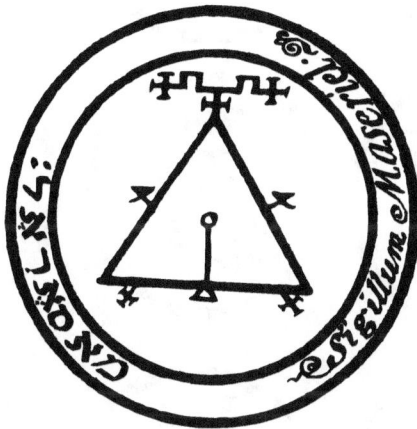

La Conjuration.

Je te Conjure &c: Maseriel qui règne comme Prince en chef ou Roi sur le Territoire de l'Ouest et par le Sud &c.

Les 12 qui appartiennent au jour sous Maseriel.

Mahue, Roriel, Earviel, Zeriel, Atniel, Vessur, Azimel, Chasor, Patiel, Assuel, Aliel, Espoel.

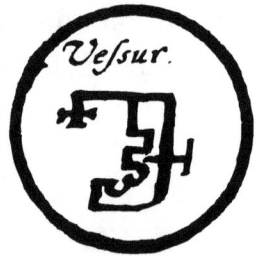

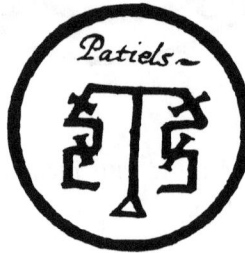

Les 12 suivants appartiennent à la nuit.

Arach, Maras, Noguiel, Saemiel, Amoyr, Bachiel, Baros, Eliel, Earos, Rabiel, Atriel, Salvor.

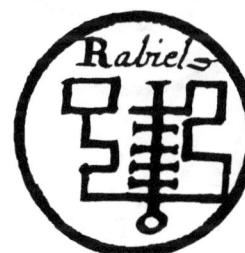

*L*e neuvième Esprit dans l'ordre, mais le premier sous l'Empereur de l'Ouest s'appelle **Malgaras** — il gouverne comme Roi sur le Territoire de l'Ouest, et a sous lui 30 Ducs pour l'assister durant le jour et autant pour la nuit, et encore davantage sous eux ; desquels nous ferons mention de 12 Ducs appartenant au jour, et d'autant appartenant à la nuit. Et chacun d'eux possède 30 serviteurs pour les servir à l'exception de **Misiel, Barfas, Aspar & Deilas**, car ils n'en ont que 20 et **Arois & Basiel**, n'en ont que 10, &c. Ils sont tous très courtois et apparaîtront volontiers pour faire votre volonté. Ils apparaissent 2 & 2 à la fois avec leurs serviteurs. Ceux qui sont de jour doivent être évoqués de jour, et ceux de nuit dans la nuit. Leurs noms et Sceaux sont comme suit :

Malgaras son Sceau.

La Conjuration &c.

Je te Conjure &c: Malgaras qui règne &c: dans l'Ouest &c.

Les 12 Ducs appartenant au jour.

Carmiel, Meliel, Borasy, Agor, Casiel, Rabiel, Cabiel, Udiel, Oriel, Misiel, Barfas, Arois.

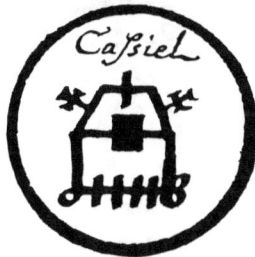

12 Ducs pour la nuit.

Aroc, Dodiel, Cubi, Libiel, Raboc, Aspiel, Caron, Zamor, Amiel, Aspar, Deilas, Basiel.

*L*e dixième Esprit dans l'ordre, mais le second sous l'Empereur de l'Ouest se nomme **Dorochiel**, qui est un puissant Prince régnant à l'Ouest, et par le Nord, et qui possède 40 Ducs pour le servir durant le jour, et autant durant la nuit, accompagnés par d'innombrables Esprits serviteurs, desquels nous ferons mention de 24 Ducs[3] en chef appartenant au jour, et d'autant pour la nuit, avec leurs Sceaux comme suit. Notez que les 12 premiers qui appartiennent au jour et les 12 premiers qui appartiennent à la nuit ont chacun 40 serviteurs pour les servir. Et les 12 derniers, autant du jour comme de la nuit en ont 400 chacun pour les servir lorsqu'ils apparaissent &c. Aussi ceux du jour doivent être évoqués durant le jour, et ceux de la nuit durant la nuit. Observez les mouvements planétaires lors des appels, car les 2 premiers qui appartiennent au jour doivent être évoqués dans la première heure planétaire du jour ; et les 2 suivants dans la seconde heure planétaire du jour et ainsi de suite jusqu'à ce que vous ayez passé toute la journée et la nuit, jusqu'à ce que vous arriviez de nouveau aux 2 premiers &c. Ils sont tous d'une bonne nature et seront disposés à obéir &c. Leurs noms et leurs Sceaux sont comme suit :

---

3   Les 24 Ducs suivants proviennent du Harley MS 6483.
12 avant midi : Magaels, Choriel, Artino, Efiel, Mamel, Arsiel, Tubiel, Corba, Merach, Alshor, Omiel, Carfas.
12 après midi : Liel, Mosiel, Gudiel, Asphor, Emuel, Soviel, Uriel, Diviel, Abriel, Danael, Lemor, Casael.
12 avant minuit : Maziel, Phutiel, Aroziel, Buchiel, Laefo, Naliel, Ofisiel, Bulis, Moinel, Pasiel, Cabron, Geriel.
12 après minuit : Vraniel, Soriel, Darbori, Paniel, Cayros, Narsiel, Cusyne, Merorh, Abac, Cadriel, Blusar, Lobiel.

Dorochiel son Sceau.

La Conjuration de Dorochiel comme suit.

Je te Conjure O toi puissant &c: Dorochiel qui règne comme Roi à l'Ouest et par le Nord. Je t'invoque &c.

Les 24 Ducs appartenant au jour, 12 avant midi.

Magael, Artino, Efiel, Maniel/Efiel, Suriel/Maniel, Carsiel/Suriel, Carsiel, Fabiel, Carba, Merach, Althor, Omiel.

Ici suivent les 12 Ducs, après midi.

Gudiel, Asphor, Emuel, Soriel, Cabron, Diviel, Abriel, Danael, Lomor, Casael, Busiel, Larfos.

Les 24 Ducs appartenant à la nuit sous Dorochiel &c. Ces 12 avant minuit

Nahiel, Ofisiel, Bulis, Momel, Darbori, Paniel, Cursas, Aliel, Aroziel, Cusyne, Vraniel, Pelusare.

Ces 12 après minuit.

Pafiel, Gariel, Soriel, Maziel, Futiel, Cayros, Narsial, Moziel, Abael, Meroth, Cadriel, Lodiel.

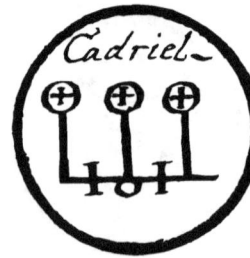

*L*e onzième Esprit dans l'ordre, mais le troisième sous l'Empereur Amenadiel, se nomme **Usiel**, qui est un puissant Prince régnant comme Roi dans le Nord-Ouest. Il a 40 Ducs diurnes et 40 nocturnes pour le servir, de jour et de nuit, dont nous ferons mention de 14 qui appartiennent au jour et autant pour la nuit, ce qui est suffisant pour la pratique. Les 8 premiers qui appartiennent au jour ont 40 serviteurs chacun, et les 6 autres en ont 30. Et les 8 premiers qui appartiennent à la nuit ont 40 serviteurs chacun pour les servir. Et les 4 prochains Ducs ont 20 serviteurs. Et les 2 derniers [de la nuit] en ont 10 chacun, et ils sont très obéissants et apparaissent volontiers lorsqu'ils sont appelés. Ils ont plus de pouvoir pour cacher ou découvrir les Trésors que tous les autres Esprits (dit Salomon) contenu dans ce Livre, et lorsque vous cacherez, ou ne voudrez que rien qui

soit caché ne vous soit dérobé, faites ces 4 Sceaux sur du parchemin vierge et déposez-les avec le Trésor, là où se trouve le Trésor et il ne sera jamais trouvé ni emporté. Les noms et Sceaux des Esprits sont comme suit :

Usiel son Sceau.

La Conjuration d'Usiel comme suit.

Je te Conjure O toi puissant &c: Usiel qui règne sur le Nord-Ouest comme Prince en chef ou Roi sous Amenadiel &c.

Les 14 Ducs qui appartiennent au jour.

Abariel, Ameta, Arnen, Herne, Saefer, Potiel, Saefarn, Magni, Amandiel, Barsu, Garnasu, Hissam, Fabariel, Usiniel.

Les 14 Ducs qui appartiennent à la nuit.

Ansoel, Godiel, Barfos, Burfa, Adan, Saddiel, Sodiel, Ossidiel, Pathier, Marae, Asuriel, Almoel, Lasphoron, Ethiel.

*L*e douzième Esprit dans l'ordre, mais le quatrième sous l'Empereur de l'Ouest se nomme **Cabariel**, qui est un puissant Prince régnant à l'Ouest et par le Nord. Il a 50 Ducs pour le servir durant le jour et autant durant la nuit, sous lesquels se trouvent de nombreux serviteurs pour les servir, dont nous ferons mention que de 10 des Ducs en chef qui appartiennent au jour et autant pour la nuit, & chacun d'eux a 50 serviteurs pour prêter assistance lorsque leur maître est Invoqué, &c. Remarque ; Ces Ducs appartenant au jour sont très bons et disposés à obéir à leur Maître, et doivent être appelés durant la journée. Et ceux de la nuit sont par nature diaboliques et désobéissants, et vous tromperont s'ils en ont l'occasion &c. Ils doivent être appelés dans la nuit. Leurs noms et leurs Sceaux sont comme suit :

Cabariel son Sceau.

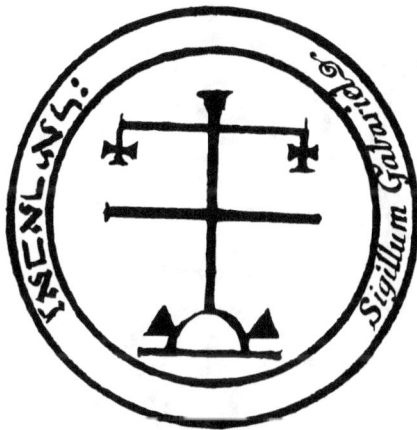

La Conjuration de Cabariel comme suit.

Je te Conjure O toi grand & puissant Prince Cabariel &c: qui règne comme Roi sur le Nord & par l'Ouest &c.

Les 10 qui appartiennent au jour.

Satifiel, Parius, Godiel, Taros, Asoriel, Etimiel, Clyssan, Elitel, Aniel, Cuphal.

Les 10 Ducs pour la nuit.

Mador, Peniel, Cugiel, Thalbus, Otim, Ladiel, Morias, Pandor, Cazul, Dubiel.

Le treizième Esprit dans l'ordre, mais le premier sous Demoriel l'Empereur du Nord s'appelle **Raysiel**. Il règne comme Roi au Nord, & a 50 Ducs pour le jour, et autant pour la nuit afin de le servir, & ils ont beaucoup de serviteurs sous eux encore — pour faire leur volonté &c. desquels nous mentionnerons 16 des Ducs en chef qui appartiennent au jour, parce qu'ils sont par nature bons & disposés à obéir, & mais [seulement] 14 qui appartiennent à la nuit, parce qu'ils sont par nature diaboliques & bornés & désobéissants, & n'obéiront pas de leur plein gré — tous ces Ducs qui appartiennent au jour ont 50 serviteurs chacun, excepté les 6 derniers, car ils n'en ont que 30 chacun & les 8 premiers appartenant à la nuit ont chacun 40 serviteurs sauf les 4 suivants car ils n'en ont que 20 chacun, & les 2 derniers n'ayant chacun que 10. Leurs noms & leurs Sceaux sont comme suit:

Raysiel son sceau.

La Conjuration de Raysiel comme suit:
Je te Conjure &c.

Les 16 Ducs qui appartiennent au jour.

Baciar, Thoac, Sequiel, Sadar, Terath, Astael, Ramica, Dubarus, Armena, Albhadur, Chanaei, Fursiel, Betasiel, Melcha, Tharas, Vriel.

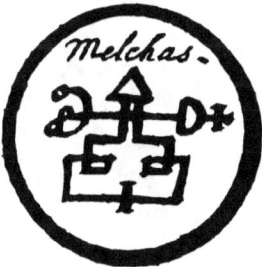

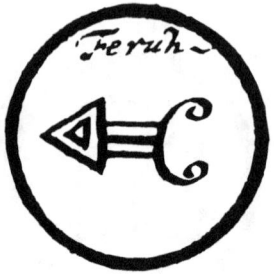

Les 14 Ducs qui appartiennent à la nuit.

Thariel, Paras, Arayl, Culmar, Lazaba, Aleasi, Sebach, Quibda, Belsay, Morael, Sarach, Arepach, Lamas, Thurcal.

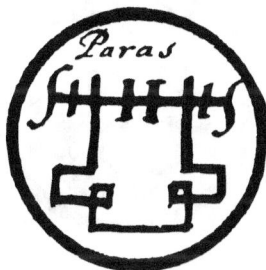

*L*e quatorzième Esprit dans l'ordre, mais le second sous l'Empereur du Nord est nommé **Symiel**, qui règne comme Roi dans le Nord et par l'Est, qui possède 10 Ducs pour le servir durant le jour & un millier [1000] pendant la nuit & chacun d'entre eux possède un certain nombre de serviteurs ; desquels nous ferons mention des 10 qui appartiennent au jour, & 10 de ceux qui appartiennent à la nuit & ceux du jour sont très bons et non désobéissants, tels que ceux de la nuit car ils sont bornés & et n'apparaîtront pas volontiers &c. De plus, ceux du jour ont 720 serviteurs parmi eux pour faire leur volonté, & le reste, de la nuit, ont 790 serviteurs pour les servir selon le besoin. Les noms de ces 20 sont comme suit, avec leurs Sceaux & nombre de serviteurs &c :

Symiel son Sceau.

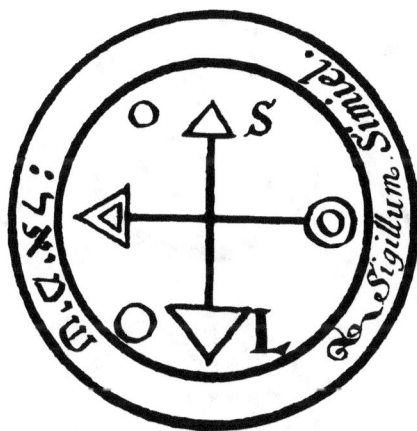

[La Conjuration de Symiel :
Je te Conjure &c.]

Les 10 Ducs qui appartiennent au jour.

Asmiel 60, Chrubas 100, Vaslos 40, Malgron 20, Romiel 80, Larael 60, Achot 60, Bonyel 90, Dagiel 100, Musor 110.

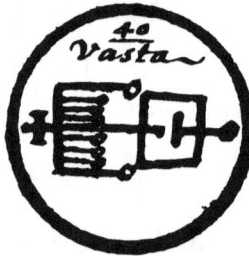

Les 10 Ducs qui appartiennent à la nuit.

Mafrus 70, Apiel 30, Curiel 40, Molael 10, Arafos 50, Marianu 100, Narzael 210, Murahe 30, Richel 120, Nalael 130.

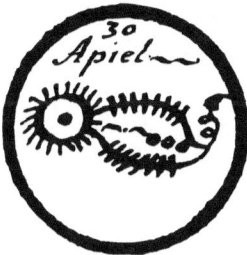

*L*e quinzième Esprit dans l'ordre, mais le troisième sous l'Empereur du Nord s'appelle **Armadiel**, qui règne comme Roi dans la partie Nord-Est, et possède plusieurs Ducs sous lui parmi d'autres serviteurs, desquels nous mentionnerons 15 de ces Ducs en chef, qui ont 1260 serviteurs pour les servir. Ces Ducs doivent être appelés durant le jour et nuit, en divisant les mêmes en 15 parties, commençant au lever du soleil avec le premier Esprit, et ainsi de suite jusqu'à ce que vous arriviez au dernier Esprit et à la dernière division pour la nuit. Ces Esprits sont bons par nature et disposés à faire votre volonté en toutes choses. Voici leurs noms et leurs Sceaux &c:

Armadiel son Sceau.

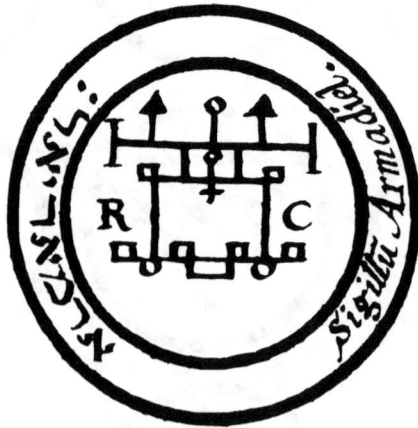

La Conjuration.
Je te Conjure O toi grand & puissant Prince Armadiel &c.

15 de ses Ducs.

Nassar, Parabiel, Lariel, Calvarnia, Orariel, Alferiel, Oryn, Samiel, Asmaiel, Jasziel, Pandiel, Carasiba, Asbibiel, Mafayr, Oemiel.

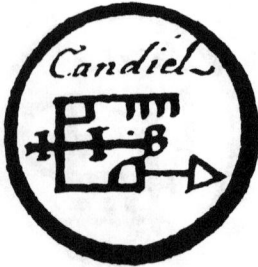

e seizième Esprit dans l'ordre, mais le quatrième sous l'Empereur du Nord se nomme **Baruchas** — qui règne comme Roi à l'Est et par le Nord, et possède plusieurs Ducs et de nombreux autres Esprits pour l'assister, desquels nous ferons mention de 15 de ces Ducs en chef qui appartiennent au jour et à la nuit, qui ont 7040 serviteurs pour les servir. Ils sont tous bons par nature et sont disposés à vous obéir &c. Vous devez évoquer ces Esprits de la même manière qu'il est démontré dans l'expérience précédente d'Armadiel et ses Ducs, à savoir, en divisant le jour et la nuit en 15 parties &c. Les noms et Sceaux de ces derniers sont les suivants :

Baruchas son Sceau.

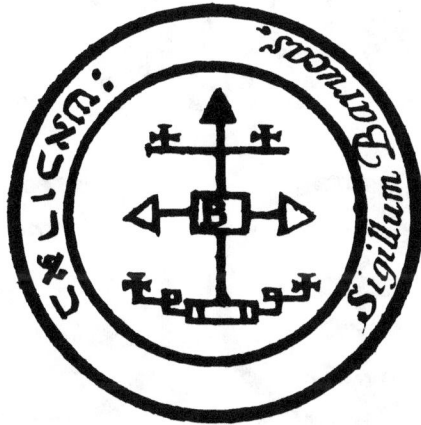

La Conjuration de Barachus.
Je te Conjure O toi grand & puissant Prince Barachus &c.

15 de ses Ducs.

Quitta, Sarael, Melchon, Cavayr, Aboc, Cartael, Janiel, Pharol, Baoxas, Geriel, Monael, Chuba, Lamael, Dorael, Decaniel.

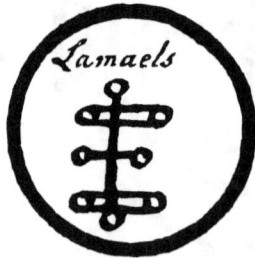

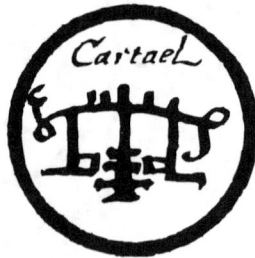

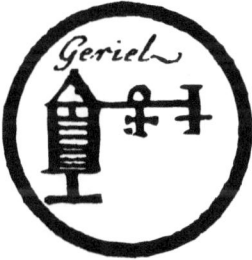

Les Onze Princes Errants

Suivent à présent les Princes Errants

En ce lieu nous allons vous donner la compréhension de tous les grands et puissants Princes avec leurs serviteurs qui errent de haut en bas dans l'Air, et ne demeurent jamais au même endroit, &c. Desquels l'un des chefs et premier [des Esprits errants] se nomme **Garadiel**, qui a 18150 serviteurs à son service, car il n'a ni Ducs ni Princes. C'est pourquoi il doit être Invoqué seul, mais lorsqu'il est appelé, il vient accompagné d'un grand nombre de ses serviteurs, mais plus ou moins dépendant de l'heure du jour et de l'heure de la nuit à laquelle il sera appelé, car dans les 2 premières heures du jour, selon le mouvement planétaire, et les deux secondes heures de la nuit, viendront 470 de ses serviteurs avec lui et dans les 2 secondes heures du jour, et les 2 troisièmes heures de la nuit viendront 590 de ses serviteurs avec lui et dans les 2 troisièmes heures du jour et dans les 2 quatrièmes heures de la nuit, viendront 930 de ses serviteurs avec lui et dans les 2 quatrièmes heures du jour et 2 cinquièmes heures de la nuit, viendront 1560 de ses serviteurs &c et dans les 2 cinquièmes heures du jour et les 2 6e heures de la nuit, viendront 13710 de ses serviteurs et les 2 6e ou dernières heures du jour viendront 930 et dans les 2 premières heures de la nuit viendront 1560 de ses serviteurs &c. Ils sont tous indifféremment bons par nature et obéiront volontiers en toutes choses &c:

Le Sceau de Garadiel.

La Conjuration de Garadiel.

Je te Conjure O toi grand & puissant Prince Garadiel qui erre ici et là dans l'Air avec tes serviteurs. Je te Conjure Garadiel d'apparaître sans délai avec ton assistance en cette première heure du jour, ici devant moi, dans ce Cristal [ou ici devant ce Cercle] &c.

Le prochain des Princes errants suivant se nomme **Buriel**, qui possède de nombreux Ducs & autres serviteurs à son service pour faire sa volonté. Ils sont tous diaboliques par nature et sont détestés par tous les autres Esprits. Ils apparaissent malicieusement et sous la forme d'un serpent avec une tête de vierge et parlent avec une voix d'homme. Ils doivent être appelés durant la nuit, car ils détestent le jour, et aux heures planétaires, dont nous mentionnerons 12 des Ducs en chef qui répondent aux 12 heures planétaires de la nuit, qui chacun a 880 serviteurs pour les servir durant la nuit. Leurs noms et leurs Sceaux sont comme suit avec le nom de Buriel :

Buriel son Sceau.

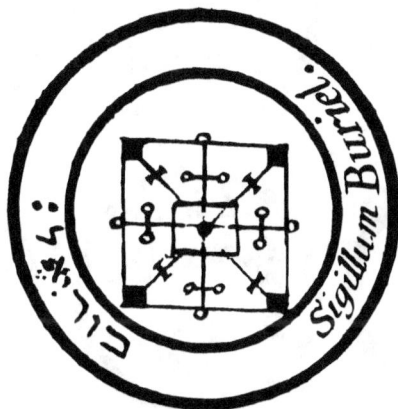

La Conjuration.

Je te Conjure O toi grand & puissant Prince Buriel, qui erre ici et là dans l'Air avec tes Ducs et tes autres Esprits serviteurs. Je te Conjure Buriel d'apparaître sans délai avec ton assistance en cette première heure de la nuit, ici devant moi, dans ce Cristal [ou ici devant ce Cercle] dans une belle et avenante forme pour accomplir ma volonté en toutes choses que je désirerai de toi &c.

Les 12 Ducs sont comme suit.

Merosiel, Almadiel, Cupriel, Sarviel, Casbriel, Nedriel, Bufiel, Futiel, Drusiel, Carniel, Drubiel, Nastros.

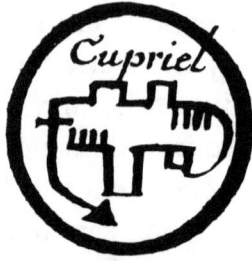

*L*e troisième de ces Esprits ou Princes errants se nomme **Hydriel**, qui a sous lui 100 grands Ducs en plus de 200 Ducs inférieurs et d'innombrable serviteurs, dont nous mentionnerons 12 des Ducs en chef, lesquels ont 1320 serviteurs pour les servir. Ils doivent être appelés dans le jour de même que pendant la nuit, selon les mouvements planétaires. Le premier débute avec la première heure du jour ou du la nuit et ainsi successivement jusqu'à ce que vous arriviez au dernier. [Bien qu'] Ils apparaissent sous la forme d'un serpent avec une tête et un visage de vierge ; ils sont cependant très courtois et disposés à obéir. Ils se complaisent le plus dedans ou près des eaux et des terres humides. Leurs noms et Sceaux sont les suivants :

Hydriel son Sceau.

La Conjuration.
Je te Conjure O toi grand & puissant Prince Hydriel &c.

Les 12 Ducs sont comme suit.

Mortaliel, Chamoriel, Pelariel, Musuziel, Lameniel, Barchiel, Samiel, Dusiriel, Camiel, Arbiel, Luciel, Chariel.

*L*e quatrième des Princes errants dans l'ordre s'appelle **Pirichiel**. Il n'a ni Princes ni Ducs sous lui mais des Chevaliers dont nous mentionnerons 8 d'entre eux. Ceux-ci étant suffisants pour la pratique, lesquels ont sous eux 2000 serviteurs. Ils doivent être évoqués selon le mouvement planétaire. Ils sont tous bons par nature, et feront volontiers votre volonté. Leurs noms et Sceaux sont les suivants :

Pirichiel son Sceau.

La Conjuration.

Je te Conjure O toi grand & puissant Prince Pirichiel, qui erre &c.

Ses huit Chevaliers.

Damarsiel, Cardiel, Almasor, Nemariel, Menariel, Demediel, Hursiel, Cuprisiel.

*L*e cinquième Prince errant se nomme **Emoniel**, qui possède une centaine de Princes et Ducs en chef, en plus de 20 Ducs inférieurs et une multitude de serviteurs pour l'assister, desquels nous mentionnerons 12 des Princes ou Ducs en chef — qui ont 1320 Ducs & autres Esprits inférieurs pour les servir. Ils sont tous bons par nature et disposés à obéir. Il est dit qu'ils habitent principalement dans les bois. Ils doivent être appelés de jour ainsi que de nuit, et selon l'ordre planétaire. Leurs noms et Sceaux sont les suivants :

Emoniel son Sceau.

La Conjuration.

Je te Conjure O toi grand & puissant Prince Emoniel, qui erre &c.

Ses 12 Ducs sont comme suit.

Ermoniel, Edriel, Carnodiel, Phanuel, Dramiel, Pandiel,
Vasenel, Nasiniel, Cruhiel, Armesiel, Caspaniel, Musiniel.

*L*e sixième des Princes errants se nomme **Icosiel**, qui a 100 Ducs et 300 compagnons parmi d'autres serviteurs qui sont plus inférieurs, dont nous avons pris 15 de ces Ducs en chef pour la pratique lesquels étant suffisants &c. Ils ont 2000 serviteurs pour les assister. Ils sont tous bons par nature et feront ce qui leur sera commandé. Ils apparaissent surtout dans les maisons car ils s'y plaisent le plus. Ils doivent être appelés dans les 24 heures du jour et de la nuit. C'est-à-dire diviser les 24 heures en quinze parties, en fonction du nombre d'Esprits, en commençant par le premier au lever du soleil et avec le dernier au soleil levant le lendemain &c. Leurs noms et Sceaux sont les suivants :

Icosiel son Sceau.

La Conjuration.

Je te Conjure O toi grand & puissant Prince Icosiel, &c.

Ses 15 Ducs sont comme suit.

Machariel, Pischiel, Thanatiel, Zosiel, Agapiel, Larphiel, Amediel, Cambriel, Nathriel, Zachariel, Athesiel, Cumariel, Munefiel, Heresiel, Urbaniel.

*L*e septième de ceux-ci s'appelle **Soleviel**, qui a sous son commandement 200 Ducs, et 200 compagnons qui changent leurs places à chaque année. Ils ont beaucoup de serviteurs pour se faire assister. Ils sont tous bons et très obéissants &c. Nous mentionnerons ici 12 des Ducs en chef, desquels les 6 premiers sont Ducs pendant une année, et les 6 autres la suivante, et ainsi de suite régnant en cet ordre afin de servir leur Prince. Ils ont sous eux 1840 serviteurs pour les servir. Ils doivent être appelés de jour ainsi de même que de nuit, selon le mouvement ou heures planétaires. Leurs noms et Sceaux sont comme suit :

Soleviel son Sceau.

La Conjuration.
Je te Conjure O toi grand & puissant Prince Soleviel, qui erre &c.

Ses 12 Ducs.

Inachiel, Praxeel, Moracha, Almodar, Nadrusiel, Cobusiel, Amriel, Axosiel, Charoel, Prasiel, Mursiel, Penador.

*L*e huitième des Princes errants se nomme **Menadiel**, qui a 20 Ducs & 100 compagnons et de nombreux autres serviteurs. Ils sont tous d'une bonne nature et sont très obéissants. Nous avons mentionné ici 6 des Ducs en Chef et 6 des Ducs inférieurs ou compagnons. Ils ont 390 serviteurs pour les servir. Notez que vous devez les évoquer en accord avec le mouvement planétaire, un Duc dans la première heure et un compagnon dans la suivante et ainsi de suite tout au long des heures du jour ou de la nuit. Leurs noms et Sceaux sont les suivants :

Menadiel son Sceau.

La Conjuration.

Je te Conjure O toi grand & puissant Prince Menadiel, qui erre &c.

Ses 12 Ducs. Les 6 Ducs en chef.

Larmol, Drasiel, Clamor, Benodiel, Charsiel, Samyel.

Les 6 Ducs inférieurs.

Barchiel, Amasiel, Baruch, Nedriel, Curasin, Tharson.

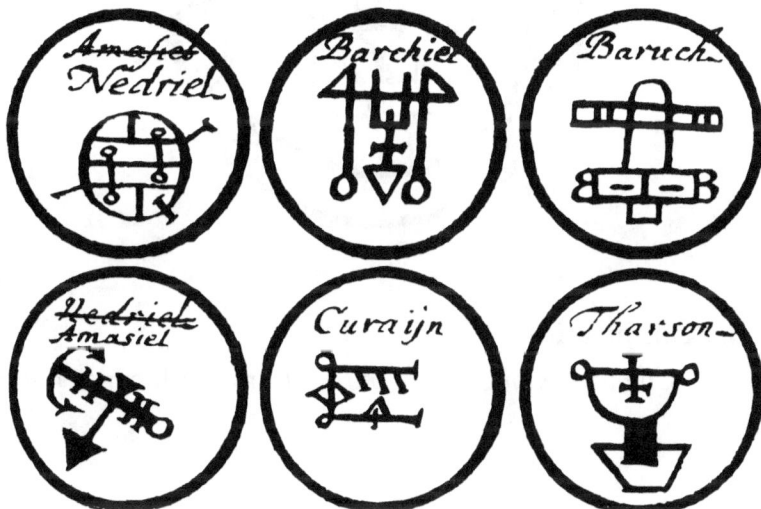

*L*e neuvième Esprit errant dans l'ordre se nomme **Macariel**, qui a 40 Ducs en plus d'une multitude de serviteurs inférieurs pour le servir, desquels nous mentionnerons 12 des Ducs en chef ayant 400 serviteurs pour les assister. Ils sont tous bons par nature et obéissants à faire la volonté de l'Exorciste. Ils apparaissent sous diverses formes, mais plus particulièrement sous la forme d'un dragon avec des têtes de vierges. Ces Ducs doivent être appelés de jour autant que la nuit en accord avec l'ordre planétaire. Leurs noms et Sceaux sont les suivants :

Macariel son Sceau.

La Conjuration.

Je te Conjure O toi grand & puissant Prince Macariel, qui erre &c.

Ses 12 Ducs.

Claniel, Drusiel, Andros, Charoel, Asmadiel, Romyel, Mastuel, Varpiel, Gremiel, Thuriel, Brufiel, Lemodac.

Le dixième Esprit errant dans l'ordre s'appelle **Uriel**, qui possède 10 Ducs en chef et 100 Ducs inférieurs en plus de nombreux serviteurs pour le servir. Ils sont tous par nature maléfiques et n'obéiront pas volontiers et sont très faux dans leurs agissements. Ils apparaissent sous la forme d'un serpent avec une tête et un visage de vierge, desquels nous ne mentionnerons que 10 des Ducs en chef qui possèdent 650 compagnons & serviteurs pour les assister &c. Leurs noms et Sceaux sont les suivants :

Uriel son Sceau.

La Conjuration.

Je te Conjure O toi grand & puissant Prince Uriel, qui erre &c.

Ses 10 Ducs.

Chabri, Drabros, Narmiel, Frasmiel, Brymiel, Dragon, Curmas, Drapios, Hermon, Aldrusy.

*L*e onzième et dernier des Princes errants dans l'ordre se nomme **Bidiel**, qui a sous son commandement 20 Ducs et 200 autres Ducs plus inférieurs, en plus de très nombreux serviteurs pour le servir. Ces Ducs changent d'office et de lieu à chaque année. Ils sont tous bons et disposés à obéir l'Exorciste en toutes choses &c. Ils apparaissent sous une très belle forme humaine, desquels nous mentionnerons 10 des Ducs en chef qui ont 2400 serviteurs pour les assister. Leurs noms et Sceaux sont :

Bidiel son Sceau.

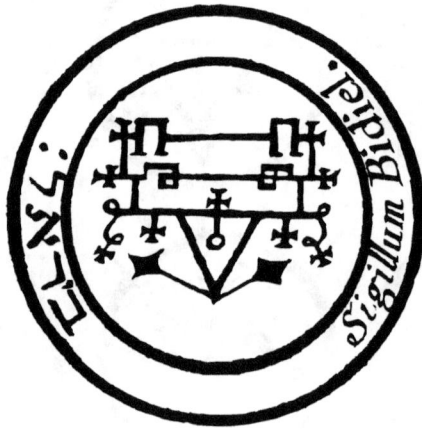

[**La Conjuration.**

Je te Conjure O toi grand & puissant Prince Bidiel, qui erre &c.]

Ses 10 grands Ducs.

Mudirel, Cruchan, Bramsiel, Armoniel, Lameniel, Andruchiel, Merasiel, Charobiel, Parsifiel, Chremoas.

Les Conjurations

La Conjuration aux Princes errants

Je te Conjure O toi grand & puissant Prince Bidiel, qui erre ici et là dans l'Air avec tes Ducs et tes autres Esprits serviteurs. Je te Conjure Bidiel de venir sans délai et d'apparaître avec ton assistance en cette première heure du jour, ici devant moi, dans ce Cristal [ou ici devant ce Cercle] dans une belle et avenante forme pour accomplir ma volonté en toutes choses que je désirerai de toi &c. ✹

Notez cette marque ✹ dans les conjurations suivantes & poursuivez comme suit par la suite.

La Conjuration aux Princes qui gouvernent les Points Cardinaux

Je te Conjure O toi grand & puissant Prince N. qui règne comme Prince en chef ou Roi sur le Territoire de l'Est (ou &c). Je te Conjure N. de m'apparaître sans délai avec ton assistance en cette première heure du jour, ici devant moi, dans ce Cristal [ou ici devant ce Cercle] dans une belle et avenante forme pour accomplir ma volonté en toutes choses que je désirerai de toi &c. ✹

La Conjuration aux 4 Empereurs

Je te Conjure O toi grand & puissant & fort Prince Carnasiel qui est l'Empereur [& Roi Souverain] régnant sur le Territoire de l'Est. Je te Conjure Carnasiel de m'apparaître sans délai. [Observez cette marque Δ et poursuivez à la conjuration suivante &c.]

Aux Ducs qui errent

Je te Conjure O toi grand & puissant Duc N. qui erre ici et là [dans l'Air] avec ton Prince N. et avec les autres de ses & tes serviteurs dans l'Air. Je te Conjure N. de m'apparaître sans délai &c. Δ

Aux Ducs qui gouvernent les Points Cardinaux avec leur Prince

Je te Conjure O toi grand & puissant Duc N. qui règne sous ton Prince ou Roi N. sur le Territoire de l'Est (ou &c). Je te Conjure N. de m'apparaître sans délai Δ, seul (ou avec tes serviteurs) de l'Air en cette première (ou seconde) heure du jour, ici devant moi, dans ce Cristal [ou ici devant ce Cercle] dans une belle et avenante forme pour accomplir ma volonté en toutes choses que je désirerai de toi &c. ✷ Je te Conjure et te commande puissamment, toi N. par celui qui a prononcé le mot et cela a été fait; et par tous les saints et puissants noms de dieu et par le nom de l'unique créateur du ciel, de la terre et de l'enfer et de ce qui y est contenu en eux. **Adonay, El, Elohim, Elohe, Elion, Escerchie, Zebaoth, Jah, Tetragrammaton, Saday** le seul seigneur dieu des armées, que tu m'apparaisses sans délai, ici devant moi, dans ce Cristal [ou ici devant ce Cercle] dans une belle et avenante forme humaine, sans causer de tort ni à moi ni à aucune autre créature que le dieu **Jehovah** a faite ou créée. Mais viens en paix, visiblement et affablement, maintenant et sans délai, manifestant ce que je désire, étant conjuré par le nom de l'Éternel et vrai dieu vivant : **Helorien, Tetragrammaton, Anephexeton,** et accomplis mes ordres et persiste-y jusqu'à la fin.

Je te conjure, te commande et te contrains, Esprit N. par **Alpha et Omega.** Par le nom **Primeumaton,** qui commande toute l'armée du ciel et par tous ces noms que Moïse prononça lorsqu'il, par la puissance de ces noms, amena de grandes plaies sur Pharaoh et tout le peuple d'Égypte. **Zebaoth, Escerchie, Oriston, Elion, Adonay, Primeumaton** et par le nom de **Schemes Amathia,** avec lequel Josué a appelé et le soleil est resté sur sa course, et par le nom d'**Hagios,** et par le **Sceau d'Adonay** et par **Agla, On, Tetragrammaton** à qui toutes les créatures sont obéissantes et par le terrible Jugement du grand dieu et des saints anges du ciel et par la puissante sagesse du grand dieu des armées, que tu viennes de toutes les parties du monde et répondes rationnellement à toutes choses que je te demanderai, et viens en paix, visiblement et affablement, me parlant avec une voix intelligible et que je puisse comprendre. Dès lors viens, viens au nom d'**Adonay, Zebaoth, Adonay, Amioram.** Viens, pourquoi tardes-tu, hâte-toi. **Adonay, Saday** le roi des rois te commande.

Lorsqu'il apparaîtra, montrez-lui son sceau, et le Pentacle de Salomon, en prononçant :

L'Adresse à l'Esprit au moment de sa venue

Voici le Pentacle de Salomon que j'ai apporté devant toi &c; comme il est montré dans le premier Livre *Goetia*, à la fin des conjurations. Aussi, lorsque l'Esprit aura satisfait votre désir, donnez-lui l'autorisation de quitter tel que montré [dans le Livre *Goetia*] &c.

Et ainsi se termine le second Livre nommé Theurgia Goetia

Remarque ; Les conjurations écrites ci-dessus diffèrent seulement dans la première partie tel que montré jusqu'à ce que vous arriviez à ces symboles Δ et ✳. Mais à partir de là, elles sont toutes identiques.

Table des Matières

Ars Theurgia Goetia

www.ingramcontent.com/pod-product-compliance
Lightning Source LLC
LaVergne TN
LVHW051655080426
835511LV00017B/2591